Senhora de Guadalupe

No dia 9 de dezembro de 1531, o índio asteca Juan Diego dirigia-se à capela para participar da Santa Missa, quando a Virgem Santíssima apareceu-lhe na Colina de Tepeyac. Era uma jovem senhora de impressionante beleza, resplandecente, com uma intensa luz, clareando aquela colina rochosa.

A Virgem Maria apresentou-se ao indígena como a Mãe do Deus Verdadeiro, além de lhe revelar seu precioso desejo: a construção de um templo em sua honra e para glorificação do Todo-Poderoso. Solicitou a Juan Diego que fosse à casa do frei Juan de Zumárraga, o bispo local, e lhe informasse sobre seu pedido. Entretanto, o bispo recusou-se a acreditar no humilde índio, que voltou à colina para contar à Virgem Maria o acontecido.

Quando chegou àquele lugar, Nossa Senhora pediu-lhe que voltasse a conversar com o bispo, mas esse permaneceu incrédulo à aparição, exigindo que Juan Diego lhe trouxesse um sinal da Senhora como prova de ser a Mãe da Humanidade.

Antes da despedida, o bispo chamou dois servidores em quem confiava, falando-lhes em castelhano para que o indígena não compreendesse aquela conversa. Pediu-lhes para seguirem discretamente Juan Diego até o local da visão e depois lhe informarem tudo o que vissem e escutassem.

Voltando para a Colina de Tepeyac, Juan Diego desapareceu subitamente aos olhares dos que o seguiam. Encontrando-se novamente com a Virgem Maria, ela solicitou-lhe que retornasse no dia seguinte, pois obteria o sinal tão desejado pelo bispo. Mas, no outro dia, eis que seu tio Juan Bernardino adoeceu e, temendo sua morte, o indígena fora chamar o padre para dar a extrema-unção. Estando a caminho, aflito por desacatar o pedido da Santa Maria, ela apareceu a sua frente e disse-lhe: "Escute, meu filho, não há nada que temer, não fique preocupado nem assustado; não tema esta doença, nem outro qualquer dissabor ou aflição. Não estou eu aqui a seu lado? Eu sou a sua Mãe dadivosa. Acaso não o escolhi para mim e o tomei aos meus cuidados? Que deseja mais do que isso? Não permita que nada o aflija e o perturbe. Quanto à doença do seu tio, ela não é

EDELVAN JOSÉ DOS SANTOS

Novena de Nossa Senhora de Guadalupe

EDITORA
SANTUÁRIO

DIREÇÃO EDITORIAL: Pe. Fábio Evaristo R. Silva, C.Ss.R.
COORDENAÇÃO EDITORIAL: Ana Lúcia de Castro Leite
COPIDESQUE: Bruna Vieira da Silva
REVISÃO: Luana Galvão
DIAGRAMAÇÃO E CAPA: Mauricio Pereira

Textos bíblicos extraídos da *Bíblia de Aparecida*,
Editora Santuário, 2006.

ISBN 978-85-369-0565-5

3ª impressão

Todos os direitos reservados à **EDITORA SANTUÁRIO** – 2025

 Rua Pe. Claro Monteiro, 342 – 12570-045 – Aparecida-SP
Tel.: 12 3104-2000 – Televendas: 0800 - 0 16 00 04
www.editorasantuario.com.br
vendas@editorasantuario.com.br

mortal. Eu lhe peço, acredite agora mesmo, porque ele já está curado. Filho querido, essas rosas são o sinal que você vai levar ao bispo. Diga-lhe em meu nome que, nessas rosas, ele verá minha vontade e a cumprirá. Você é meu embaixador e merece a minha confiança. Quando chegar diante dele, desdobre a sua tilma (manto) e mostre-lhe o que carrega, porém, só em sua presença. Diga-lhe tudo o que viu e ouviu, nada omita..."

Assim que Juan Diego se encontrou com o bispo, desdobrou sua tilma e o milagre aconteceu: sob as rosas apareceu uma imagem da Virgem Maria, estampada no manto do indígena. Aos prantos, o bispo pediu perdão a Nossa Senhora, levando o tecido para a capela. Esse fato aconteceu no dia 12 de dezembro de 1531.

Chegando a sua casa, Juan Diego encontrou o tio curado, o qual lhe afirmou ter recebido a visita da Mãe de Deus. Também lhe revelou o desejo da construção de um templo na Colina de Tepeyac e que deveriam dar-lhe o nome de Santa Maria de Guadalupe. Na língua asteca, o nome Guadalupe significa perfeitíssima Virgem, que esmaga a deusa de pedra.

Juan Diego faleceu em 30 de maio de 1548, aos setenta e quatro anos, sendo canonizado pelo papa João Paulo II em 2002. Nossa Senhora de Guadalupe recebeu o título de "Padroeira de toda a América" pelo papa Pio XII, no dia 12 de outubro de 1945, e a sua festa é celebrada em 12 de dezembro. Atualmente, o sagrado manto encontra-se exposto na grandiosa Basílica de Santa Maria de Guadalupe, na Cidade do México.

Oração inicial

– Em nome do Pai † do Filho e do Espírito Santo. Amém!
– A nossa proteção está no nome do Senhor.
– Que fez o céu e a terra!
– Ouvi, Senhor, minha oração!
– E chegue até vós o meu clamor!
– Vinde, Espírito Santo, enchei os corações de vossos fiéis e acendei neles o fogo do vosso amor. Enviai vosso Espírito e tudo será criado! E renovareis a face da terra! *Oremos:* Ó Deus, que instruístes os corações dos vossos fiéis com a luz do Espírito Santo, fazei que apreciemos retamente todas as coisas, segundo o mesmo Espírito, e gozemos sempre da sua consolação. Por Cristo, nosso Senhor. Amém!

Oferecimento da novena: Deus Pai, iniciamos esta novena pedindo a intercessão de Santa Maria de Guadalupe e recorremos à proteção da Santíssima Trindade, para que derrameis sobre nós, filhos pecadores, vosso amor infinito. Ajudai-nos a sermos capazes de perdoar as ofensas; dai-nos um cora-

ção puro igual ao da Virgem Santíssima e ensinai-
-nos a rezar por todos que nos ofendem pela causa
do Reino Celeste. Deus Pai, seguindo o exemplo da
Mãe de Jesus, *nós* vos pedimos: jamais nos deixeis
desistir de doar totalmente nossa vida aos aflitos,
dando-lhes palavras de conforto e praticando a
caridade *(pedir a graça a ser alcançada)*. Nossa
Senhora de Guadalupe, recebe meus pedidos,
confiando-os ao Pai Todo-Poderoso, para que me
auxilieis na luta pela paz e por um mundo livre do
ódio e transbordante de esperança. Assim seja.
Amém!

Ladainha e oração final

Senhor, **tende piedade de nós**.
Jesus Cristo, **tende piedade de nós**.
Senhor, **tende piedade de nós**.
Jesus Cristo, **ouvi-nos**.
Jesus Cristo, **atendei-nos**.
Deus Pai, que estais nos Céus, **tende piedade de nós**.
Deus Filho, Redentor do Mundo, **tende piedade de nós**.
Espírito Santo Paráclito, **tende piedade de nós**.
Deus Uno e Trino, **tende piedade de nós**.
Mãe de Jesus Crucificado, **rogai por nós**.
Mãe do Deus Verdadeiro, **rogai por nós**.
Mãe das Américas, **rogai por nós**.
Mãe Dadivosa, **rogai por nós**.
Virgem de Guadalupe, **rogai por nós**.
Virgem Poderosa, **rogai por nós**.
Virgem Clemente, **rogai por nós**.
Virgem Fiel, **rogai por nós**.
Estrela da manhã, **rogai por nós**.
Consoladora dos aflitos, **rogai por nós**.

Mediadora das graças, **rogai por nós**.
Saúde dos enfermos, **rogai por nós**.
Cordeiro de Deus, que tirais o pecado do mundo, **perdoai-nos, Senhor**.
Cordeiro de Deus, que tirais o pecado do mundo, **ouvi-nos, Senhor**.
Cordeiro de Deus, que tirais o pecado do mundo, **tende piedade de nós**.
Rogai por nós, Santa Mãe de Deus,
para que sejamos dignos das promessas de Cristo. Amém!
Oração: Santíssima Virgem Maria, terminado este dia de novena, queremos agradecer as bênçãos recebidas por tua compaixão. Jamais esqueces teus filhos. Embora pecadores, tu nos amas incondicionalmente e apresentas ao teu filho Jesus nossas aflições diárias. Queremos consagrar a tua proteção nossa vida, nossas alegrias e enfermidades. Derrama sobre a América e sobre todo o mundo a paz, a justiça e a prosperidade, para que vivamos uma vida fielmente cristã, de serviço a Deus e aos irmãos sofredores. Virgem de Guadalupe, Mãe do Deus Verdadeiro, concede-nos a graça do respeito à vida; protege nossas famílias

de todos os males que ameaçam nossas crianças de serem felizes. *(Rezar 1 Pai-nosso, 3 Ave-Marias e 1 Glória ao Pai).* Confiantes em tua intercessão, roga por todos nós, teus filhos, livrando-nos do mal e do ódio, e traz-nos a Paz Verdadeira, que vem de teu Jesus, nosso Redentor. Assim seja. Em nome do Pai † do Filho e do Espírito Santo. Amém!

1º dia

Guadalupe, a Mãe do Deus verdadeiro

1. Oração inicial *(p. 7)*

2. Palavra de Deus *(Lc 1,30-33)*
Disse o anjo Gabriel a Maria: "Não tenhas medo, Maria, porque Deus se mostra bondoso para contigo. Conceberás em teu seio e darás à luz um filho e lhe porás o nome de Jesus. Ele será grande e será chamado Filho do Altíssimo. O Senhor Deus lhe dará o trono de Davi, seu pai, e ele reinará para sempre na casa de Jacó. E seu reino não terá fim". *Palavra da Salvação.*

3. Reflexão
Nossa Senhora assumiu, sem reservas, o grande plano arquitetado pelo Altíssimo: ser a geradora do Deus Filho. A Virgem Maria fora escolhida entre todas as mulheres não por casuali-

dade, mas sem dúvidas porque possuía um coração sem a mancha do pecado, capaz de habitar o puro amor, na verdade, o próprio Deus-Amor. Essa verdade de fé, a qual nós católicos conhecemos por dogma, é testemunhada, na Colina de Tepeyac, ao asteca Juan Diego: "Entenda, filho querido, que eu sou a sempre Virgem, Mãe do Deus verdadeiro, Criador e autor do céu e da terra". Esse dogma somente vem esclarecer a nós o que já acreditavam os cristãos desde a antiguidade, menção contida em uma das mais antigas orações marianas, datada do século III: "Sob teu amparo nos acolhemos, Santa Mãe de Deus, [...] ó Virgem gloriosa e bendita!"

A Mãe de Jesus, estando entre os seus aqui na terra, deixou clara sua submissão ao Todo-Poderoso: "Eis aqui a serva do Senhor, faça-se em mim segundo tua palavra" (Lc 1,38). Mesmo sendo a Mãe Celestial, Maria lembra-nos, nessa passagem, o quanto devemos amar, primeiramente, ao Onipotente, que entregou seu Filho para remissão de nossos pecados. Nossa Senhora jamais espera da humanidade título acima do Pai Amantíssimo; ser a Mãe de Deus é o reconhecimento da Igreja de que foi por Maria que o Deus Filho se fez humano, pela ação do Deus Espírito, para se cumprir os planos de Deus Pai.

Ó Virgem de Guadalupe, ensina-nos a aceitar os desígnios do Pai; que abramos nossos olhos à presença de Deus em nosso meio, como aconteceu aquele dia, quando apareceste ao humilde asteca. Obrigado, Mãe piedosa, por seres templo vivo do Espírito Santo para nossa salvação.

Santa Maria de Guadalupe, roga por nós!

4. Ladainha e oração final *(p. 9)*

2º dia

Guadalupe, a Mulher solidária

1. Oração inicial *(p. 7)*

2. Palavra de Deus *(Lc 1,39-42.45)*

Naqueles dias, Maria partiu em viagem, indo às pressas para a região montanhosa, para uma cidade da Judeia. Entrou na casa de Zacarias e cumprimentou Isabel. Logo que Isabel ouviu a saudação de Maria, o menino saltou em seu seio, e Isabel ficou cheia do Espírito Santo e exclamou em alta voz: "Tu és bendita entre as mulheres e bendito é o fruto de teu ventre! Bem-aventurada aquela que acreditou que se cumpriria o que lhe foi dito da parte do Senhor!" *Palavra da Salvação.*

3. Reflexão

Sinal de solidariedade, Maria é a perfeita entre todas as mulheres, digna do Amor gerado em seu ventre. Refletindo sobre a visita de Nossa Senhora a sua prima Isabel, percebemos que, embora fosse apenas uma jovem, Maria já demonstrava preocupação com o próximo. Preocupava-se com toda a humanidade quando disse seu "sim" ao anjo Gabriel. Surpreendeu a parenta com o gesto nobre, pois deixou seus aposentos, estando grávida, para servir a futura mãe de João Batista, ainda que tivesse de caminhar longínqua distância.

Na América Latina, Maria também se solidariza com a aflição dos filhos de Deus, que eram mortos brutalmente durante os rituais astecas; aparece como Guadalupe – aquela que esmaga a serpente – para ensinar àquela sociedade que a cultura da morte ia contra a misericórdia de seu Amado Filho. Com essa aparição, grande número de nativos converteram-se ao cristianismo, deram novo sentido à vida, entenderam que, sacrificando o inocente, sacrificavam o Cristo, presente em cada um dos exterminados.

Peçamos à Mãe de Guadalupe sua benevolência para socorrer-nos nos momentos de perigo e desespero, em que o mal tenta implantar no coração dos homens a cultura da morte, pela exploração, pelo aborto, pela pena de morte. Que Cristo seja a luz que nos guia rumo à graça do Pai. Amém!

Santa Maria de Guadalupe, roga por nós!

4. Ladainha e oração final *(p. 9)*

3º dia

Guadalupe, a serva do Senhor

1. Oração inicial *(p. 7)*

2. Palavra de Deus *(Lc 1,46-49)*

Disse Maria a Isabel: "Minha alma engrandece o Senhor e meu espírito se alegra em Deus, meu Salvador, porque Ele olhou para sua humilde serva; pois daqui em diante todas as gerações proclamarão que sou feliz! Porque o Todo-Poderoso fez por mim grandes coisas e santo é seu nome". *Palavra da Salvação.*

3. Reflexão

A fé que professamos está centralizada em Cristo, o Filho Amado do Altíssimo. A missão confiada a Maria a tornou a principal figura para o cumprimento da profecia: o nascimento do Salvador. Contudo, ela jamais almejou para si o lugar correspondido a Cristo, sendo humilde servidora e confiando plenamente no Pai.

Feliz aquele que acredita nos planos de Deus, como Maria, não necessitando de provas de seu imenso amor para servir seu Reino! Muitas vezes, agimos como aquele bispo ao ouvir a mensagem da Senhora de Guadalupe pelo porta-voz Juan Diego: para servirmos aos desígnios de Deus, exigimos prova concreta de sua existência. Além disso, servir a Igreja e levar o Evangelho aos famintos de Pão e Vinho exige discernimento e coragem; e isso nos falta com frequência.

Nossa Senhora de Guadalupe, diante de tua majestosa pureza, ajuda-nos a possuir um coração semelhante ao de Cristo. Pedimos-te, ainda, intercede por teus filhos pecadores, se somos incrédulos e desistimos de servir firmemente aos preceitos do Pai. Queremos lutar em favor dos irmãos excluídos, se preciso sofrer com eles pela construção de uma sociedade justa e mais solidária. Mãe, sê nossa companhia nos momentos de desânimo e faz de teus filhos promotores da paz. Amém!

Santa Maria de Guadalupe, roga por nós!

4. Ladainha e oração final *(p. 9)*

4º dia

Guadalupe, a Mãe dadivosa

1. Oração inicial *(p. 7)*

2. Palavra de Deus *(Ap 12,1-2.5)*

Um grande sinal apareceu no céu: uma Mulher vestida com o sol, tendo a lua sob os pés e uma coroa de doze estrelas na cabeça. Estava grávida e gritava de dor, angustiada para dar à luz. Ela deu à luz um filho, um menino, aquele que vai governar todas as nações com cetro de ferro. Mas seu filho foi arrebatado para junto de Deus e de seu trono. *Palavra do Senhor.*

3. Reflexão

"Não estou eu aqui a seu lado? Eu sou sua Mãe dadivosa!" Com que profundidade Maria nos quer atrair a seu doce coração? Ela deixa evidente a Juan Diego que jamais devemos nos desesperar diante de qualquer tribulação, seja na doença, no sofrimento ou na dor, se confiarmos nossa vida primeiramente ao Deus Trino e a suas mãos maternais.

A Mãe Dadivosa de Guadalupe é a Virgem generosa, transbordante de bondade para com os filhos pecadores. Na aparição ao indígena, percebemos o quanto Maria mostra-se piedosa com a dor daquele pobre homem, que se desespera diante do sofrimento do tio. O que podemos aprender dessa revelação divinal à humanidade? Que Deus se compadece daquele que sofre pela agonia do irmão, sobretudo, revela-nos que devemos nos colocar a serviço do Altíssimo para depois nos preocuparmos com as coisas terrenas.

Tão imensurável é o amor do Pai, que nos ofereceu uma Mãe que abraça toda criatura, todos os povos. No México, com aparição de Maria, Deus modifica os rumos da história, marcada pelos sacrifícios humanos aos deuses astecas; no Brasil, o povo é libertado da opressão da escravidão; em Portugal, a salvação nos é oferecida pelo poder do Santo Rosário. Agraciados somos nós, os filhos de Deus, por não nos deixares desamparados em um mundo marcado pela violência, pelo sofrimento e pela exclusão. Obrigado, minha Mãe Dadivosa!

Santa Maria de Guadalupe, roga por nós!

4. Ladainha e oração final *(p. 9)*

5º dia

Guadalupe, a protetora da vida

1. Oração inicial *(p. 7)*

2. Palavra de Deus *(Mt 2,13-15)*
　Um anjo do Senhor apareceu em sonho a José e lhe disse: "Levanta-te, toma o menino e a mãe dele e foge para o Egito. Fica lá até eu te avisar, porque Herodes vai procurar o menino para matá-lo". José levantou-se, tomou de noite o menino e a mãe dele e partiu para o Egito. Ficou lá até a morte de Herodes, para se cumprir o que o Senhor falara pelo profeta, com as palavras: "Do Egito chamei meu filho". *Palavra da Salvação.*

3. Reflexão
　Vivemos em uma sociedade que se vangloria pelos avanços da ciência e da tecnologia, mas

que, por vezes, desrespeita e ameaça a vida. Junto ao progresso, lamentavelmente cresce a cultura da morte pelo terrorismo, pelo tráfico humano, pela violência doméstica e urbana. De todos esses males sociais, o mais preocupante e entristecedor é a legalização do aborto em vários países, perda dos valores éticos da existência humana.

Maria é sinal autêntico de Mãe, que protege a vida. Foge às pressas da perversidade de Herodes, o qual queria conservar seu poder acima de qualquer custo. Hoje, encontramos vários Herodes pelo mundo que, por causa de interesses políticos e de grupos de influência, criam leis para interromper a vida de inocentes indefesos.

Na Basílica de Guadalupe, a imagem da Virgem grávida é testemunho profético contra o aborto, a eutanásia e as outras práticas de depreciação da vida. Prostrados diante do Sacrário, peçamos ao Vencedor da morte e a Maria Santíssima que toquem o coração dos insensatos do poder. Peçamos a sabedoria e o entendimento do Espírito Santo, que agiu no ventre materno de Maria, para que possamos restaurar o ser dos promotores da morte, tornando-os criaturas mais humanas e defensoras da vida. Assim seja. Amém!

Santa Maria de Guadalupe, roga por nós!

4. Ladainha e oração final *(p. 9)*

6º dia

Guadalupe, a Virgem sofredora

1. Oração inicial *(p. 7)*

2. Palavra de Deus *(Lc 2,33-35)*
José e Maria estavam maravilhados com as coisas que dele se diziam. Simeão os abençoou e disse a Maria, sua mãe: "Este menino vai causar a queda e a elevação de muitos em Israel; ele será um sinal de contradição; a ti própria, uma espada te traspassará a alma, para que se revelem os pensamentos de muitos corações". *Palavra da Salvação.*

3. Reflexão
O destino da humanidade foi modificado quando Maria aceitou o projeto da salvação e sua vida também foi drasticamente transformada, pois pas-

saria por muitas provações diante de seu povo. Imaginemos o sofrimento de Nossa Senhora, ao ser julgada por tantos quando souberam que a humilde moça era mãe solteira. Que pesaroso foi o momento em que negaram lugar para o nascimento de Jesus e que aflição quando o Filho se perdeu no Templo! Mais terrível foi o passar dos dias de Maria e saber que se aproximava a morte do Salvador.

A Virgem de Guadalupe é a Senhora das Dores, Mãe de mil títulos, Mãe digna de exaltação! É a bem-querida aos olhos de Deus, pois terminada sua missão terrena foi elevada ao céu de corpo e alma, porém mantém-se presente na vida dos filhos pecadores; não nos esquece, mas quer atrair-nos para Deus por sua intercessão.

Em nossos dias, Maria continua sofrendo... Sofre quando humilham o pobrezinho, matam o indefeso, julgam sem dó nem piedade o semelhante. Guadalupe é a Medianeira das Graças de Deus, nosso Pai, infinitamente misericordioso, que nos ama e espera por mudança em nossas atitudes levianas.

Ó Mãe, ajuda-nos a modificar os maus atos em ações agradáveis ao Pai. Faz de nosso coração verdadeiro sacrário de amor, capaz de amar o outro sem discriminação e sem interesses. Obrigado por teu cuidado maternal! Amém.

Santa Maria de Guadalupe, roga por nós!

4. Ladainha e oração final *(p. 9)*

7º dia

Guadalupe e a família

1. Oração inicial *(p. 7)*

2. Palavra de Deus *(Pr 23,15.22-23.25)*
   Meu filho, se teu coração for sábio, também meu coração se alegrará. Escuta teu pai que te gerou, não desprezes tua mãe quando velha. Adquire o verdadeiro bem e não o cedas: a sabedoria, a instrução e o entendimento. Que teu pai e tua mãe se alegrem e exulte aquela que te gerou. *Palavra do Senhor.*

3. Reflexão
   A estampa secular de Nossa Senhora de Guadalupe até hoje surpreende a ciência. Depois de analisar os olhos da imagem na tilma de Juan Diego, foram descobertas pelos cientistas várias figuras humanas, que parecem representar uma família. Esta aparece bem no centro da pupila da

Virgem, como se nos dissesse que a família, principalmente nos dias atuais, deve ter uma posição central em nossa sociedade.

A Mãe de Guadalupe nos deixou valiosos ensinamentos, como a valorização e a proteção das famílias. Naquele tempo, quando aconteceu a aparição da Virgem, a cultura asteca permitia a união conjugal de uma pessoa com várias outras (poligamia) e até mesmo o incesto. Logo, houve a conversão em massa da civilização ao cristianismo, entendendo que aquelas práticas não eram agradáveis ao Deus Verdadeiro.

A família tem sido manchada com falsos valores; certas ideologias tentam desrespeitar os sagrados laços familiares. O divórcio e o adultério, por exemplo, já não causam tanto assombro, havendo uma afronta crescente ao sacramento do matrimônio. É necessário estarmos atentos aos diversos programas de TV aos quais as crianças e nós assistimos; há programações que jamais deveriam entrar em nossos lares, porque só promovem atitudes perversas contra a família.

Ó Virgem de Guadalupe, que teus serenos olhos sejam a fortaleza das famílias. Ó Pai, cuidai da educação das crianças e implantai no coração dos governantes a sabedoria para compreender as ações que desfavorecem a defesa da vida e da família. Amém!

Santa Maria de Guadalupe, roga por nós!

4. Ladainha e oração final *(p. 9)*

8º dia

Guadalupe, sinal de esperança

1. Oração inicial *(p. 7)*

2. Palavra de Deus *(Jo 2,1-5)*

Houve uma festa de casamento em Caná da Galileia e lá se encontrava a mãe de Jesus. Também Jesus foi convidado para a festa com seus discípulos. Faltando o vinho, a mãe de Jesus lhe disse: "Eles não têm mais vinho". Respondeu-lhe Jesus: "Mulher, que importa isso a mim e a ti? Minha hora ainda não chegou". Sua mãe disse aos serventes: "Fazei tudo o que ele vos disser". *Palavra da Salvação.*

3. Reflexão

A civilização asteca dedicava-se aos sacrifícios religiosos. Para esse povo, como os deuses se sacrificavam, para manter a vitalidade do mundo, eles também deveriam sacrificar o maior número de pessoas para agradecer-lhes, em garantia de que a Terra continuaria preservada. Muitos eram capazes de entregar a si mesmos aos rituais, permitindo que mutilassem partes do próprio corpo.

Assim que a notícia do aparecimento da Virgem Maria chegara aos ouvidos dos astecas, eles compreenderam o terrível pecado que estavam cometendo. Numerosa multidão dirigia-se diariamente aos missionários franciscanos no desejo de receber o batismo. Tão admirável foi a presença de Maria Santíssima, que ela tornou-se um sinal de esperança.

A Virgem de Guadalupe ensina para a humanidade que o Deus Verdadeiro mostra-se misericordioso com seus filhos. Jamais espera sacrifícios humanos como oferenda, mas somente espera que o pecador se converta e creia no Evangelho.

"Fazei tudo o que Ele vos disser" é o pedido incessante de Maria àquele que quer seguir a Cristo, tendo compaixão do irmão sofredor e partilhando o pouco que tem. A partir do momento em que aprendermos a respeitar o outro, estaremos realmente amando a Deus e confiando em suas mãos nossa vida.

Santa Maria de Guadalupe, roga por nós!

4. Ladainha e oração final *(p. 9)*

9º dia

Guadalupe, a Padroeira da América

1. Oração inicial *(p. 7)*

2. Palavra de Deus *(Jo 19,25-27)*

Junto à cruz de Jesus estavam de pé sua mãe, a irmã de sua mãe, Maria, mulher de Cléofas, e Maria Madalena. Jesus, vendo sua mãe e, perto dela o discípulo que amava, disse a sua mãe: "Mulher, eis aí teu filho". Depois disse ao discípulo: "Eis aí tua mãe". E, desta hora em diante, o discípulo acolheu-a em sua casa. *Palavra da Salvação.*

3. Reflexão

Nossa Senhora de Guadalupe recebeu o título de Padroeira das Américas em 12 de outubro de 1945, pelo papa Pio XII. A Igreja católica sempre teve uma imensa admiração por Santa Maria de Guadalupe, que recebeu homenagens de 24 papas durante sua história de fé. "Nela tudo é milagroso: uma Imagem que provém de flores colhidas em um terreno totalmente estéril, no qual só podem crescer espinheiros; uma Imagem estampada em uma tela tão rala que, por meio dela, pode se enxergar o povo e a nave da Igreja tão facilmente como por meio de um filó; uma Imagem em nada deteriorada, nem em seu supremo encanto, nem no brilho de suas cores, pelas emanações do lago vizinho, as quais, todavia, corroem a prata, o ouro e o bronze... Deus não agiu assim com nenhuma outra nação", manifestou-se publicamente o papa Bento XIV, em 1754. São João Paulo II visitou a Cidade do México em três ocasiões, em 1979, 1990 e 1999, e confiou à Virgem Santíssima a proteção da vida, principalmente do nascituro, que se encontra em perigo de não nascer.

Que alegria sentimos ao sermos agraciados com tamanha manifestação de Deus em nosso continente! Deus quis assumir nossa condição humana para ensinar-nos a viver na dignidade, no amor e como herdeiros da salvação. Em Maria, Ele também se revela não somente à América, mas a toda a humanidade, pois é o Deus Verdadeiro de todas as nações, de todos os que recorrem a sua misericórdia. Nossa Senhora de Guadalupe apresenta-se como a missionária solidária e revela-nos a esperança inabalável – nosso Senhor Jesus Cristo – diante de quaisquer tribulações.

Confiemos nossa vida, nosso trabalho e nossas famílias nas mãos do Senhor Ressuscitado. Supliquemos a intercessão da Virgem de Guadalupe para proteger toda a América e o mundo inteiro dos falsos deuses, que tentam implantar o mal no coração humano. Que vivamos a prosperidade constante, a esperança e a fraternidade entre as nações, com respeito e amor pelo próximo e, sobretudo, pela vida dos inocentes. Assim seja. Amém!

Santa Maria de Guadalupe, roga por nós!

4. Ladainha e oração final *(p. 9)*

Este livro foi composto com as famílias tipográficas Calibri e Bellevue impresso em papel Offset 75g/m² pela **Gráfica Santuário.**